CH00524260

nan
ar

ale

Shathurshana Rathakrishnan
Thirunavukkarasu Baskar

Comptabilité environnementale

Stabiliser les entreprises et la planète

ScienciaScripts

Imprint

Any brand names and product names mentioned in this book are subject to trademark, brand or patent protection and are trademarks or registered trademarks of their respective holders. The use of brand names, product names, common names, trade names, product descriptions etc. even without a particular marking in this work is in no way to be construed to mean that such names may be regarded as unrestricted in respect of trademark and brand protection legislation and could thus be used by anyone.

Cover image: www.ingimage.com

This book is a translation from the original published under ISBN 978-620-7-46695-5.

Publisher:
Sciencia Scripts
is a trademark of
Dodo Books Indian Ocean Ltd. and OmniScriptum S.R.L publishing group

120 High Road, East Finchley, London, N2 9ED, United Kingdom
Str. Armeneasca 28/1, office 1, Chisinau MD-2012, Republic of Moldova, Europe

ISBN: 978-620-7-30409-7

Environmental Accounting

Stabilizing Business and Planet

Comptabilité environnementale : Stabiliser les entreprises et la planète

Mme Shathurshana Rathakrishnan

Maître de conférences adjoint

Campus de Trincomalee, Eastern University Sri Lanka

Courriel : shathurshikrishna@gmail.com

&

M. Thirunavukkarasu Baskar

Maître de conférences Gr-I

Campus de Trincomalee, Eastern University Sri Lanka

Courriel : baskart@esn.ac.lk

1

Table des matières

PRÉFACE

La comptabilité environnementale permet de suivre les informations relatives aux besoins essentiels en ressources et à l'activité économique qui aura un impact sur l'environnement. Dans ce monde modernisé, l'objectif principal d'une entreprise est de maximiser sa rentabilité, et le souci de l'environnement est un point d'interrogation entre les parties prenantes et les citoyens. La plupart des entreprises font semblant d'assumer leur responsabilité sociale de manière très intelligente pour remplir leurs rapports annuels, mais n'ont pas de véritable amour pour l'environnement dans la réalité. L'extraction du pétrole au Nigeria est un exemple frappant de catastrophe environnementale causée par des multinationales. Les intérêts des différents grands pollueurs, tels que les constructeurs automobiles, les sociétés minières, pétrolières et chimiques, ont influencé les résultats de la conférence mondiale de Kyoto sur le changement climatique. L'écoblanchiment est une autre tactique marketing astucieuse couramment utilisée par les entreprises pour donner l'impression qu'elles sont meilleures que leurs concurrents en matière de production de produits respectueux de l'environnement.

Elles le font en exagérant et en créant une fausse image de leur impact sur l'environnement. Il existe plusieurs exemples où les entreprises sont impliquées dans la création de divers problèmes, ce qui entraîne une dégradation et une pollution de l'environnement. L'entité a un impact énorme sur tous les niveaux de vie. Toutefois, certaines entreprises s'efforcent d'apporter des changements positifs à l'environnement. Par exemple, Walmart a créé l'indice de durabilité pour évaluer l'impact social et environnemental de ses produits en 2009. IKEA utilise un système de comptabilisation des profits et des pertes sur l'environnement. Ce type d'initiative répond également à une faible préoccupation pour l'environnement.

Cette comptabilité environnementale va jouer un rôle essentiel dans l'identification de l'environnement lié aux coûts. En outre, elle va mesurer les émissions de gaz à effet de serre, la gestion des déchets, la gestion de l'eau et l'utilisation efficace des ressources. L'idée principale est d'aider l'organisation à identifier son impact sur l'environnement

3

et de montrer les moyens de corriger ses erreurs afin d'assurer la durabilité de l'environnement.

Ce livre permet de mieux comprendre la comptabilité environnementale et ses implications. Chaque chapitre permet d'apprendre et d'explorer plus en détail les questions relatives à la comptabilité environnementale.

Chapitre 1 : Mieux comprendre l'essence de la comptabilité environnementale

1.1 Définitions de la comptabilité environnementale.

La comptabilité environnementale représente l'intégration des coûts environnementaux dans le système comptable d'une entreprise. La comptabilité environnementale est un système qui fournit un cadre commun aux entreprises pour reconnaître et comptabiliser les coûts environnementaux passés, présents et futurs afin de soutenir la prise de décision managériale, le contrôle et la divulgation d'informations au public. (Programme des Nations unies pour l'environnement et KPMG, 2006).

La comptabilité environnementale est apparue au début des années 1970 ; la première étape a été la comptabilité sociale et environnementale. La comptabilité sociale et écologique est la divulgation volontaire d'informations qualitatives et quantitatives par les entreprises aux parties prenantes sur les influences environnementales de leurs activités. Les informations quantitatives peuvent être des éléments financiers ou non financiers.

La comptabilité environnementale fait également partie de la comptabilité qui consiste à enregistrer, analyser et communiquer des informations sur l'impact des entreprises sur l'environnement, ainsi que sur l'efficacité économique et écologique de l'unité. Les informations relatives à l'audit environnemental sont utilisées en interne, en produisant des données écologiques qui aident la direction à prendre des décisions en matière de tarification, de contrôle des coûts et de budgétisation des investissements, ou qui sont communiquées aux parties externes intéressées, telles que le public, les investisseurs et les organismes financiers. La comptabilité de gestion environnementale vise à fournir des informations environnementales internes pour une meilleure gestion des coûts environnementaux.

La comptabilité environnementale est un outil essentiel pour aider à la gestion des risques environnementaux et des coûts opérationnels. La comptabilité environnementale est un ensemble de données collectées reliant l'environnement à l'économie, qui a une influence à long terme sur l'élaboration des politiques

5

économiques et environnementales. Elle ne peut pas mesurer les biens ou services environnementaux. Cependant, elle mesure l'analyse sociale des coûts et bénéfices des projets affectant l'environnement ou des données régionales ou locales désagrégées sur l'environnement.

Il existe cependant une relation étroite entre la comptabilité environnementale et l'évaluation des coûts sociaux. Sur le marché, lorsque certains biens ne se vendent pas, nous avons recours à l'évaluation pour en déterminer la valeur monétaire. Par exemple, nous collectons du bois de chauffage dans la forêt, l'eau filtrée par une zone humide ou les ressources de la biodiversité qui pourraient fournir de nouveaux médicaments. L'évaluation est un élément essentiel de l'analyse coûts-avantages sociaux et de certaines approches de la comptabilité environnementale. Toutefois, l'évaluation n'est qu'un élément de l'élaboration des rapports sur l'environnement ; elle n'est pas la même chose que la construction des comptes.

Il existe trois types de comptabilité environnementale : la comptabilité de gestion environnementale, la comptabilité financière environnementale et la comptabilité environnementale nationale. La comptabilité de gestion environnementale coordonne les informations sur les flux de matières et d'énergie et les informations sur les coûts environnementaux. La comptabilité de gestion environnementale peut être classée en trois segments : La comptabilité environnementale, la comptabilité environnementale de l'écobilan et la comptabilité environnementale de l'entreprise. La comptabilité financière environnementale rend compte des coûts du passif environnemental et d'autres coûts environnementaux importants. La comptabilité nationale environnementale se concentre sur les stocks et les flux de ressources naturelles, les coûts environnementaux et les coûts des externalités. En général, une entreprise doit assumer les responsabilités environnementales suivantes :

1. Répondre aux exigences et aux attentes réglementaires,
2. L'entreprise doit nettoyer la pollution existante et éliminer de manière adéquate les matières dangereuses.
3. Les opérations doivent se dérouler sans dommage pour l'environnement et promouvoir une attitude environnementale globale.

4. Contrôle de l'efficacité opérationnelle et matérielle, augmentation due à la compétitivité du marché mondial.

5. Contrôle de l'augmentation des dépenses liées aux matières premières, à la gestion des déchets et à la responsabilité potentielle.

La comptabilité environnementale est désignée de différentes manières : comptabilité de gestion environnementale, comptes sociaux des entreprises, comptabilité sociale et comptabilité sociale et environnementale. Cependant, le sens n'a pas changé, il est toujours orienté vers la quantification des dépenses environnementales. La comptabilité environnementale aide une organisation à quantifier les impacts de ses activités sur la communauté d'accueil et n'implique pas les dépenses encourues mais doit être impliquée dans la génération des coûts-avantages au cours d'une période comptable. Les informations de comptabilité environnementale comprennent le traitement des produits chimiques générés dans un processus de production, le coût de la main-d'œuvre (implanté dans les salaires et traitements), les coûts de déversement, les coûts ou économies liés aux amendes et pénalités, les frais de réglementation, les coûts de maintenance, les économies liées au passage à des méthodologies plus respectueuses de l'environnement et les coûts des matériaux. La manière dont les entreprises appliquent la comptabilité environnementale varie en fonction des actions entreprises au cours de la période et les décisions de gestion doivent être fondées sur les informations relatives aux coûts. Les processus de comptabilité environnementale génèrent deux catégories d'informations, comme indiqué ci-dessous.

Figure 1. 1 Categories of Environmental accounting information

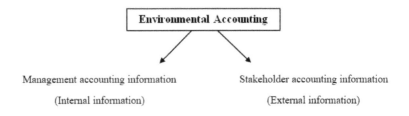

Environmental Accounting

Management accounting information   Stakeholder accounting information

(Internal information)   (External information)

1.2 Théories liées à la comptabilité environnementale

1.2.1 Théorie des parties prenantes

Bowen (1953) a été le premier à introduire le concept de responsabilité sociale comme l'obligation de remplir et d'équilibrer la valeur des avantages sociaux de l'organisation, que les parties prenantes percevront. Au lieu de se préoccuper de la société dans son ensemble, les entreprises devraient se préoccuper des associations avec les parties prenantes et les gérer (Clarkson, 1995).

Freeman a introduit pour la première fois la théorie des parties prenantes (1984) dans son travail sur la gestion stratégique. Les parties prenantes comprennent toute personne ou groupe de personnes intéressées par l'entreprise, car elles peuvent avoir un impact sur l'entreprise ou être influencées par elle. Freeman divise les parties prenantes en intérêts et responsabilités connexes en deux groupes : internes et externes à l'entreprise. Les dirigeants et les employés sont les parties prenantes internes de l'entreprise ; les parties prenantes externes de l'entreprise sont les actionnaires, les fournisseurs et les agences gouvernementales.

La théorie des parties prenantes a de nombreuses applications ; l'une d'entre elles dans le domaine de la comptabilité est que le succès d'une entreprise dépend de l'association de ses parties prenantes parce qu'elles fournissent des ressources tangibles ou intangibles pour assurer la survie de l'entreprise. Ces ressources peuvent être financières (actionnaires), un environnement fonctionnel et des services publics (agences gouvernementales), et de la main-d'œuvre (employés). Par conséquent, il incombe à l'entreprise de fournir des informations illustrant ses activités aux parties prenantes, plutôt que de se contenter de fournir des informations au propriétaire. La théorie des parties prenantes est considérée comme l'une des principales théories qui sous-tendent l'expansion du domaine de recherche de la responsabilité sociale.

1.2.2 Théorie de la légitimité

La théorie de la légitimité soutient que les actions d'une organisation doivent servir les valeurs ou les normes sociales dans lesquelles elle opère ; si une organisation n'adhère pas aux valeurs ou aux normes sociales, il lui sera difficile d'obtenir le soutien inconditionnel du public pour poursuivre ses activités. La théorie de la légitimité prouve également que la fourniture d'informations commerciales est importante parce

8

qu'elle affecte la survie de l'entreprise et qu'elle est suivie par la mise en œuvre de stratégies commerciales par l'entreprise pour atteindre ses objectifs.

La théorie de la légitimité stipule que pour qu'une entreprise continue à fonctionner avec succès, elle doit agir dans les limites et les normes que la société définit comme un comportement socialement responsable. Selon la définition, "la *théorie juridique est l'accord social entre une organisation*" (Deegan, C & Unerman, J., 2011). Dans un tel environnement, les entreprises tentent d'autoriser leurs actions en participant à des rapports sur la responsabilité sociale des entreprises afin d'obtenir l'approbation de la société. La théorie institutionnelle a appliqué les fondements de la légalité parce qu'elle considère de nombreuses actions de l'organisation comme la force motrice de la poursuite d'un comportement légitime et qu'elle est donc influencée par les normes sociales.

Bowen a diffusé la responsabilité sociale des entreprises et Johnson, dans leur livre de 1953 intitulé "*Social Responsibilities of the Businessmen*" (*Responsabilités sociales des hommes d'affaires*). Ils appellent à susciter et à encourager les gestionnaires immobiliers à ne pas porter atteinte aux droits et aux intérêts d'autrui, et à faire appel à des œuvres de bienfaisance pour rembourser les dommages causés par les entreprises.

1.2.3 Théorie de la divulgation volontaire

La théorie de la divulgation volontaire stipule que l'objectif de la révélation volontaire est de fournir aux actionnaires des informations sur les pratiques environnementales. Les entreprises utilisent efficacement l'environnement cible pour communiquer des informations, en espérant que le contenu de l'annonce de la performance environnementale puisse être positivement" lié à la performance environnementale, et en espérant communiquer leur approche environnementale aux parties prenantes.

1.2.4 Théorie institutionnelle

La théorie institutionnelle est principalement basée sur des points de vue sociaux et économiques. Cette théorie explore les forces institutionnelles, telles que la formation des structures d'entreprise et les mesures du gouvernement, des agences professionnelles et de la société autour des organisations. Il existe trois types de pressions possibles : les pressions persistantes, les pressions d'imitation et les pressions normatives.

1.2.5 Théorie de la contingence

La théorie des contingences met l'accent sur *"le rôle et l'influence des facteurs situationnels sur les performances des entreprises"* (Lawrence & Lorsch, 1967). La théorie explique les relations entre les facteurs d'influence et les résultats en analysant le comportement et les activités de l'entreprise et, dans le même temps, en décrivant les facteurs situationnels spécifiques, tels que l'environnement, la technologie, l'expérience et la taille, qui affectent la relation susmentionnée. Les entreprises qui réussissent doivent disposer d'une structure organisationnelle adaptée à la complexité de leur environnement.

1.3 Types de comptabilité environnementale

1.3.1 Comptabilité de la gestion environnementale

La comptabilité de gestion environnementale englobe l'identification, la compilation, l'estimation, l'examen critique, l'établissement de rapports internes et l'utilisation de données relatives aux flux de matières et d'énergie, aux coûts environnementaux et à d'autres coûts. Ces informations sont utilisées pour la prise de décision dans les contextes traditionnels et environnementaux au sein d'une organisation.

La comptabilité de gestion environnementale (EMA) s'intéresse aux coûts internes d'une entreprise, à l'exclusion des coûts externes pour les individus, la société ou l'environnement pour lesquels l'entreprise n'est pas légalement responsable. L'EMA met l'accent sur la documentation des coûts environnementaux. Elle comprend non seulement des données sur les coûts environnementaux et divers, mais aussi des détails explicites sur les flux physiques et la destination des matériaux et de l'énergie.

Les informations fournies par l'EMA servent un large éventail d'activités de gestion et de prise de décision au sein d'une organisation, avec un avantage particulier pour la prise de décision en matière d'environnement. Par conséquent, l'EMA intègre et fusionne de manière transparente deux des éléments fondamentaux du développement durable - l'environnement et l'économie - dans le contexte de la prise de décision interne au sein d'une organisation.

La comptabilité de gestion environnementale (EMA) fournit aux décideurs des informations vitales concernant les dimensions écologiques et financières des opérations d'une organisation. En fusionnant les données sur les processus physiques et les coûts associés, l'EMA offre des informations précieuses qui peuvent influencer les processus de prise de décision des entreprises privées et des institutions gouvernementales.

La comptabilité de gestion environnementale (EMA) se distingue non pas comme un outil unique parmi une pléthore de solutions de gestion environnementale, mais comme un cadre étendu englobant un ensemble diversifié de principes et de méthodologies. Ce cadre fournit des données cruciales sur les flux de matières, les flux d'énergie et les coûts, indispensables à toute une série d'entreprises et de programmes de gestion de l'environnement. Si les données EMA restent pertinentes pour la prise de décision quotidienne au sein d'une organisation, leur véritable importance devient apparente dans les efforts de gestion explicitement centrés sur les considérations environnementales.

L'EMA s'avère inestimable pour une myriade d'initiatives environnementales, telles que la prévention de la pollution et la production plus propre, la conception pour l'environnement, l'évaluation du cycle de vie environnemental, la gestion de la chaîne d'approvisionnement environnementale, les achats respectueux de l'environnement, la responsabilité élargie du producteur/du produit, les systèmes de gestion environnementale, l'évaluation et l'étalonnage des performances environnementales, ainsi que les rapports sur les performances environnementales. L'adaptabilité de l'EMA en fait un instrument indispensable pour les organisations désireuses d'intégrer des données environnementales dans leurs processus décisionnels dans le cadre d'initiatives et de programmes divers.

Identification et affectation des dépenses : L'EMA permet d'identifier et de quantifier les coûts liés aux aspects environnementaux dans les différentes facettes opérationnelles. Les décideurs peuvent attribuer ces coûts environnementaux à des produits, services ou initiatives spécifiques, améliorant ainsi la précision de l'évaluation des coûts globaux.

Évaluation des performances : L'EMA jette les bases de l'évaluation de la performance environnementale d'une organisation. Les décideurs peuvent utiliser les indicateurs de performance environnementale en conjonction avec les mesures financières pour évaluer l'efficacité opérationnelle et l'efficience de manière globale.

Atténuation des risques : En comprenant les coûts et les impacts environnementaux, les organisations peuvent discerner les risques et les obligations potentiels en matière d'environnement. Les décideurs peuvent mettre en œuvre des stratégies pour atténuer ces risques, en diminuant la probabilité de répercussions financières et environnementales négatives.

Efficacité des ressources et rentabilité : L'EMA permet aux décideurs de découvrir des possibilités d'utilisation efficace des ressources et de réduction des coûts qui en découlent. En optimisant les processus pour minimiser l'impact sur l'environnement, les organisations constatent souvent une réduction des dépenses liées à la consommation des ressources et à l'élimination des déchets.

Respect de la réglementation : Les organismes gouvernementaux peuvent tirer parti de l'EMA pour garantir le respect des réglementations environnementales. Les entreprises privées peuvent prendre des mesures proactives pour répondre aux exigences réglementaires, évitant ainsi des pénalités potentielles ou des démêlés avec la justice.

Interaction avec les parties prenantes : L'EMA fournit aux organisations les informations nécessaires pour répondre à la demande croissante de durabilité et de transparence de la part des parties prenantes. Une performance environnementale positive peut renforcer la position d'une organisation et l'image de marque, ce qui peut influencer les choix des clients et les décisions des investisseurs.

Développement stratégique : Les décideurs peuvent intégrer des considérations environnementales dans leurs processus de planification stratégique. L'EMA aide les organisations à aligner leurs objectifs à long terme sur la durabilité environnementale, contribuant ainsi à la formulation de stratégies plus solides et tournées vers l'avenir.

Analyse du cycle de vie : L'EMA facilite l'analyse du cycle de vie, permettant aux décideurs d'examiner minutieusement les impacts environnementaux d'un produit ou d'un service tout au long de son cycle de vie. Ces informations guident les décisions relatives à la conception des produits, à l'approvisionnement et à la gestion de la fin de vie.

Par essence, la fusion des détails des flux physiques et des informations relatives aux coûts par le biais de l'EMA permet aux décideurs de faire des choix éclairés qui tiennent compte des dimensions environnementales et financières. Cette approche holistique est impérative pour favoriser des pratiques commerciales et de gouvernance durables et consciencieuses.

1.3.2 Comptabilité environnementale financière

La comptabilité financière environnementale (CFE) a pour but de divulguer à l'extérieur les gains environnementaux et financiers par le biais de rapports environnementaux d'entreprise ou de rapports annuels publiés, souvent soumis à vérification. La comptabilité financière environnementale est influencée en partie par les normes comptables promulguées par diverses organisations professionnelles. Par exemple, les états financiers conventionnels des entreprises englobent généralement les aspects liés à l'assainissement de l'environnement et à la responsabilité découlant des activités de l'entreprise.

La comptabilité financière environnementale s'intéresse à la comptabilisation et à la divulgation des transactions et événements environnementaux susceptibles d'influencer la situation financière et les performances d'une entreprise. L'émergence de lois et de réglementations promouvant la durabilité environnementale a incité les entreprises à prendre des initiatives respectueuses de l'environnement, entraînant des coûts significatifs et des implications financières importantes. Cependant, la pression exercée sur les entreprises pour qu'elles communiquent ces informations de manière transparente aux différentes parties prenantes a été insuffisante. Ce manque de divulgation signifie que de nombreuses parties intéressées sont privées d'informations pertinentes et cruciales pour leur processus de prise de décision.

D'autre part, les considérations environnementales peuvent avoir un impact profond sur la situation financière d'une entreprise et sur ses perspectives de réussite à long terme. Dans le paysage financier contemporain, il est impératif d'intégrer cette nouvelle variable dans la comptabilité financière, les rapports et l'analyse financière moderne, car elle façonne de manière significative les risques et les opportunités auxquels les entreprises sont confrontées, et peut avoir un impact sur la continuité de l'activité dans des scénarios extrêmes. Les exemples d'impacts financiers induits par l'environnement sur les entreprises comprennent les charges environnementales, les redevances, les amendes, les sanctions, les coûts d'abandon des sites, la diminution de la valeur des équipements de production générateurs de pollution et les passifs environnementaux.

Les marchés financiers réagissent rapidement aux impacts environnementaux d'une entreprise dès que ces impacts deviennent significatifs pour l'entreprise. Les analystes financiers ne peuvent évaluer et prendre en compte les risques et opportunités financiers induits par l'environnement que s'ils disposent d'informations fiables et comparables. Par conséquent, la publication de données environnementales dans les rapports annuels peut influencer la manière dont les bénéfices et les flux de trésorerie d'une entreprise sont perçus.

1.3.3 Revenu national et comptabilité environnementale

La prise en compte de l'importance du capital naturel et de la qualité de l'environnement modifie considérablement la manière dont nous évaluons les indicateurs de revenu national et de bien-être général. De nombreux économistes soutiendraient qu'un individu résidant dans une nation dont le revenu moyen par habitant est élevé est fondamentalement "mieux loti" qu'un individu résidant dans un pays dont le revenu moyen par habitant est plus faible. Toutefois, le bien-être global des individus dépend de divers facteurs qui vont au-delà des niveaux de revenus, notamment la santé, le niveau d'éducation, la cohésion sociale et l'engagement politique. En ce qui concerne l'examen environnemental, le bien-être d'une nation est étroitement lié aux niveaux de capital naturel et à la qualité de l'environnement.

Les initiatives en matière de comptabilité environnementale progressent activement en réponse aux recommandations nationales et mondiales de diverses nations. La Conférence des Nations Unies sur l'environnement et le développement de 1992, qui a débouché sur la formulation de l'Agenda 21, préconise la mise en place de systèmes nationaux complets intégrant la comptabilité environnementale et économique à l'échelle mondiale.

Alors que le système de comptabilité nationale (SCN) sert traditionnellement d'outil de base pour l'élaboration des politiques nationales, les pratiques historiques ont montré une prise en compte limitée des facteurs environnementaux. L'un des objectifs fondamentaux de la comptabilité environnementale est d'évaluer la durabilité des activités économiques et de la croissance globale en quantifiant l'épuisement et la détérioration des ressources naturelles. La mise en œuvre de la comptabilité environnementale établit un système d'information qui établit un lien efficace entre les activités économiques et l'utilisation des ressources, ce qui permet de mieux comprendre l'évolution de la base de ressources naturelles.

La comptabilité environnementale joue un rôle essentiel dans l'établissement de liens entre les considérations environnementales et les paramètres économiques. Elle fournit des informations quantitatives sur les ressources naturelles, qui peuvent être intégrées de manière transparente dans les ensembles de données économiques, comme le montrent les comptes nationaux de l'Australie. Cette intégration facilite un suivi holistique des flux de ressources à travers l'économie, favorisant une compréhension nuancée de la manière dont les activités économiques ont un impact sur l'environnement naturel et interagissent avec lui.

Chapitre 02 : Révéler l'importance - Le rôle vital de la comptabilité environnementale dans la prise de décision éclairée et les pratiques durables des entreprises

La comptabilité environnementale englobe plusieurs significations et applications, et constitue principalement un sous-ensemble de la comptabilité. Elle se concentre sur l'enregistrement, l'analyse et la communication systématiques des impacts financiers et écologiques provenant de systèmes économiques spécifiques, qu'il s'agisse d'une entreprise, d'un site de production, d'une région ou d'un pays. Cet article vise à mettre en lumière les multiples utilisations et avantages de la comptabilité environnementale, en particulier pour les entreprises. Pour atteindre cet objectif, nous présentons un cadre complet pour le développement et la mise en œuvre d'un système de comptabilité de gestion environnementale.

Contrairement à la comptabilité financière, qui aide principalement à préparer les rapports financiers externes, la comptabilité de gestion est un outil interne. Son objectif est de collecter et d'analyser des données afin d'améliorer les résultats de l'entreprise en éclairant les décisions de gestion. Dans ce document, nous nous penchons également sur les méthodes fondamentales de la comptabilité analytique environnementale, une composante essentielle de la comptabilité de gestion environnementale.

Les résultats attendus de l'adoption par les entreprises de pratiques comptables de gestion environnementale sont des avancées substantielles dans les objectifs d'éco-efficacité. Cela s'explique par l'utilité des informations sur les coûts environnementaux dans diverses décisions de gestion, dans des domaines tels que la conception des produits, les processus de production, la gestion des déchets et les investissements en capital. Toutefois, il est essentiel de reconnaître que la réalisation des objectifs d'éco-efficacité dépend de la mise en place d'une culture de gestion de l'environnement au sein de l'entreprise. Cette culture permet l'intégration transparente des informations générées dans le système et les pratiques de gestion environnementale de l'entreprise.

2.1 Importance de la comptabilité environnementale

La comptabilité environnementale est un instrument concret de mise en œuvre des pratiques de développement durable. Elle est également appelée "comptabilité verte" et s'aligne sur les attentes des entreprises en matière de responsabilité sociale.

L'importance de la comptabilité environnementale s'accroît en raison de l'escalade des défis environnementaux et des progrès économiques, sociaux et technologiques concomitants. L'application de la comptabilité environnementale, synonyme de "comptabilité verte", est impérative non seulement pour le développement durable, mais aussi en tant que mandat reflétant la responsabilité sociale des entreprises.

Bien que la comptabilité de gestion environnementale soit encore une approche relativement récente pour favoriser l'amélioration de la performance environnementale des entreprises, elle apparaît comme un outil précieux. En soutenant directement les décideurs au sein des entreprises grâce à la production d'informations étroitement liées à la performance économique de l'entreprise, elle est appelée à jouer un rôle central dans l'orientation des pratiques commerciales durables. Les implications sont décrites ci-dessous :

✓ Conscience environnementale croissante et pratiques durables : Compte tenu de la sensibilisation croissante aux questions environnementales et de l'impératif de durabilité, les organisations sont soumises à une pression croissante de la part de diverses parties prenantes - y compris les investisseurs, les clients, les autorités de réglementation et le public - pour qu'elles abordent et divulguent leurs impacts environnementaux et les initiatives visant à les atténuer. La comptabilité environnementale apparaît comme un outil essentiel permettant aux organisations d'évaluer leur performance environnementale et de montrer leur attachement aux pratiques durables.

✓ Respect des réglementations : Les gouvernements et les organismes de réglementation du monde entier ont mis en place des réglementations environnementales strictes et des obligations d'information. Les organisations sont tenues de se conformer à ces réglementations, qui nécessitent souvent la divulgation de données environnementales. La comptabilité environnementale permet aux organisations de contrôler et de rendre compte de leur adhésion à ces réglementations, ce qui réduit les risques de répercussions juridiques et financières.

✓ Gestion efficace des ressources : Reconnaissant la valeur d'une gestion efficace des ressources, les entreprises se tournent de plus en plus vers la comptabilité environnementale. Cette approche aide les organisations à identifier les domaines dans lesquels il est possible de réduire la consommation de ressources, de minimiser la production de déchets et d'optimiser l'utilisation de l'énergie - des initiatives qui contribuent non seulement à la durabilité environnementale, mais qui permettent également de réaliser des économies et d'améliorer l'efficacité opérationnelle.

✓ Atténuer les risques environnementaux : Les risques environnementaux, qui vont du changement climatique à la pénurie d'eau et aux accidents environnementaux, constituent des menaces financières et de réputation considérables. La comptabilité environnementale permet aux entreprises d'évaluer et d'atténuer ces risques en identifiant les responsabilités potentielles, en constituant des réserves pour les risques environnementaux et en formulant des stratégies de réduction des risques et de résilience.

✓ Alignement sur les attentes des investisseurs et des actionnaires : Les investisseurs et les actionnaires prennent désormais en compte les facteurs environnementaux, sociaux et de gouvernance (ESG) lorsqu'ils prennent des décisions d'investissement. La comptabilité environnementale permet aux organisations d'offrir des informations ESG transparentes et crédibles, attirant ainsi des investisseurs responsables et influençant positivement l'évaluation des actions d'une entreprise.

✓ Différenciation concurrentielle : Les organisations qui adoptent la comptabilité environnementale et les pratiques durables bénéficient souvent d'un avantage concurrentiel. Les consommateurs fondant de plus en plus leurs décisions d'achat sur les pratiques environnementales et éthiques d'une entreprise, la démonstration d'un engagement en faveur de la durabilité par le biais de la comptabilité environnementale peut favoriser la fidélisation des clients et l'augmentation des parts de marché.

✓ Gestion holistique de la chaîne d'approvisionnement : La comptabilité environnementale dépasse les frontières de l'organisation pour évaluer les impacts environnementaux des chaînes d'approvisionnement. Les entreprises qui comprennent et traitent les risques et les opportunités environnementaux au sein de leurs chaînes d'approvisionnement améliorent leur résilience et leur réputation.

✓ Planification stratégique à long terme : La comptabilité environnementale fournit des données précieuses pour la planification stratégique à long terme. Les organisations peuvent fixer des objectifs de durabilité, suivre les progrès accomplis et adapter leurs stratégies à l'évolution des conditions environnementales et aux attentes des parties prenantes.

✓ Rôle intégral dans la responsabilité sociale des entreprises (RSE) : La comptabilité environnementale est la pierre angulaire des efforts d'une organisation en matière de RSE. Des rapports transparents sur la gestion de l'environnement renforcent la réputation d'une entreprise en matière de responsabilité sociale.

✓ Catalyseur d'innovation et d'adoption de technologies : La recherche de la durabilité stimule souvent l'innovation et l'intégration de nouvelles technologies. La comptabilité environnementale permet de mettre en évidence les domaines dans lesquels les investissements technologiques peuvent apporter des avantages à la fois environnementaux et financiers.

2.2 Champ d'application de la comptabilité environnementale

L'estimation du coût des effets environnementaux est rarement simple, mais elle est réalisable. Les actifs naturels et les services fournis par la nature peuvent souvent être évalués à leur valeur de remplacement. La comptabilité environnementale a une application extrêmement large. Elle s'applique aux entreprises, aux pays et au monde entier. La comptabilité environnementale comprend plusieurs éléments différents.

Perspective interne : Investissements pour la protection de l'environnement D'un point de vue interne, les entreprises engagent des ressources pour atténuer les pertes environnementales, en investissant dans des équipements et des dispositifs respectueux de l'environnement. Cette forme de comptabilité est simple, étant donné la faisabilité d'une mesure monétaire.

Vue externe : Impact environnemental global Sur le plan externe, toutes les pertes découlant indirectement des activités de l'entreprise sont prises en compte. Cela englobe :

- **Dégradation et destruction :** érosion des sols, perte de biodiversité, pollution de l'air, pollution de l'eau, pollution sonore et défis liés aux déchets solides, à la pollution côtière et marine.

- **Épuisement des ressources non renouvelables :** Comprend les pertes dues à la surexploitation des ressources naturelles non renouvelables telles que les minéraux, l'eau et le gaz.

- **Déforestation et utilisation des sols :** cet aspect de la comptabilité pose des problèmes, car les pertes pour l'environnement sont complexes et ne peuvent être quantifiées avec précision en termes monétaires.

Chapitre 03 : Évolution de la comptabilité environnementale

Le domaine de la comptabilité est parfois critiqué pour sa focalisation excessive sur les données financières et son manque d'attention aux dimensions plus profondes du fonctionnement d'une entreprise. Les rapports qui visent à quantifier les effets des actions de l'entreprise sur la société et notre environnement sont connus sous le nom de comptabilité environnementale ou comptabilité sociale.

La comptabilité écologique a été envisagée tout au long de la crise énergétique des années 1970. Les problèmes énergétiques ont été résolus et une nouvelle ère de sécurité financière s'est ouverte dans les années 1980, bien que le sujet ait été envisagé pendant un certain temps. La discipline de la comptabilité environnementale a progressivement sombré dans l'obscurité avant le développement d'exigences permettant d'évaluer les implications économiques. Il était difficile de trouver des réglementations et un consensus sur les éléments à prendre en compte pour responsabiliser les personnes sur les questions environnementales. C'est à cette époque que les entreprises ont dû faire face à l'idée de divulguer leurs obligations en matière d'environnement. Au début, elles révélaient l'impact sur l'environnement dans leurs registres financiers.

Néanmoins, au fil du temps et de l'aggravation des sanctions, les entreprises ont dû se conformer à ces lois. Les lois de 1976 sur la conservation et la réhabilitation économique, la législation sur la responsabilité globale et la loi de 1980 sur la responsabilité et l'indemnisation en matière d'environnement ont finalement été promulguées. L'année 1990 a également vu la publication du Journal n° 8-90 par l'Accounting Standards Editors Board, intitulé Focusing on the Economic Impact of Environmental Hazards Contamination. En ce sens, il est apparu qu'une stratégie bien définie de réduction des émissions devait servir de base à la détermination des implications financières liées aux obligations écologiques.

La comptabilité écologique a été prise en considération tout au long de la crise énergétique des années 1970. Bien que le problème ait été brièvement abordé, la crise de l'électricité s'est apaisée et une nouvelle période de stabilité financière s'est ouverte dans les années 1980. La comptabilité environnementale a été reléguée au second plan avant le développement de mesures permettant d'évaluer les effets financiers. Il était difficile de trouver une législation et un consensus sur le moment où il fallait tenir compte des problèmes écologiques et sur les éléments à prendre en considération. Les entreprises et les clients ont commencé à reconnaître l'importance de la comptabilité écologique au cours des années 1990, en raison d'une forte augmentation des activités de promotion du développement durable. D'importantes associations comptables, telles que le Financial Accounting Rules Board et le Accounting Standards Board of Directors affilié à l'American Institute of CPAs (Certified Public Accountants), ont ensuite imposé certaines règles de comptabilité environnementale.

De nombreuses réflexions sociales peuvent être observées dans le développement des rapports de durabilité, un changement socioculturel significatif comparable. Néanmoins, au cours des 300 dernières années, l'économie financière a contribué à la dégradation des sociétés. Il existe un cadre qui spécifie une certaine firme, un certain personnel, une certaine entreprise, une certaine économie ou un certain marché, ce qui explique l'utilisation de la comptabilité verte. L'accent a été mis sur la comptabilité écologique lors de la crise énergétique des années 1970. Même si la question a été brièvement abordée, la crise énergétique s'est apaisée et une nouvelle période de stabilité financière s'est ouverte dans les années 1980. La comptabilité environnementale a été reléguée à la marge avant le développement de mesures permettant d'évaluer les conséquences financières.

Il était difficile de trouver une politique et un consensus sur la manière de prendre en compte les problèmes écologiques et sur les éléments à comptabiliser. Les consommateurs et les entreprises ont de nouveau été sensibilisés à la comptabilité environnementale lors de la montée en puissance du mouvement de protection de l'environnement dans les années 1990. D'importantes associations comptables, telles que le Financial Accountancy Rules Board et le Accounting Standards Executive Committee de l'American Institute of CPAs, ont progressivement imposé certaines règles de comptabilité écologique. Diverses réflexions sociales peuvent être perçues dans le développement des rapports sur le développement durable, un changement culturel significatif correspondant. Néanmoins, au cours des 300 dernières années, l'économie financière a contribué au développement de la communauté.

Au fur et à mesure que les entreprises, les professions et les marchés prennent conscience de leur influence sur les écosystèmes, l'idée d'une comptabilité environnementale se développe. La théorie de l'évolution de la comptabilité verte comporte plusieurs étapes :

- ✓ Une technique descriptive a été utilisée pour la première fois dans les années 1970, en mettant l'accent sur les modèles habituels.

- ✓ Entre 1981 et 1990, l'accent a été mis sur l'utilisation des données comptables environnementales pour divulguer les actions en faveur de l'environnement.

- ✓ Il s'est produit un changement dans la direction de l'introduction de la comptabilité environnementale dans les opérations des entreprises et de son incorporation dans la pratique entre 1991 et 1995.

- ✓ L'utilisation de la comptabilité environnementale pour évaluer les performances environnementales selon des critères statutaires a fait l'objet d'un examen minutieux en 1996.

- ✓ Un cadre pour la comptabilité environnementale a été élaboré dans le cadre de la création de normes comptables en 1997.

Chapitre : 04 L'harmonie dans les rapports verts : Une exploration comparative des cadres réglementaires de la comptabilité environnementale dans les pays développés et en développement

Plusieurs pays asiatiques sont actuellement en train de se familiariser avec les pratiques de comptabilité environnementale (EA). Certains de ces pays n'ont pas encore adopté les normes internationales de comptabilité environnementale, et ce retard est attribué à des facteurs politiques et culturels, ainsi qu'à des préoccupations en matière de gouvernance d'entreprise. De nombreux dirigeants hésitent à intégrer les aspects environnementaux en raison des difficultés qu'ils perçoivent à réaliser des bénéfices à court terme. Cette réticence a une incidence sur la perception interne de la direction en ce qui concerne les pratiques d'évaluation environnementale, qui ont subi de multiples changements au fil du temps. Les chercheurs ont également constaté que les organisations espagnoles n'ont pas complètement modifié leur point de vue sur les aspects environnementaux, même après avoir été réorganisées.

4.1 Rapports sur l'environnement

L'information sur l'environnement consiste à fournir aux individus une connaissance de l'état de l'environnement. L'information sur les questions environnementales implique la diffusion d'informations et de données scientifiques impartiales sur le monde naturel. Grâce à cette procédure, des informations intelligibles pour des publics non techniques sont créées à partir de données scientifiques. L'un des principaux objectifs du rapport sur l'environnement est de jeter les bases d'une prise de décision éclairée et de permettre aux personnes, aux groupes et aux responsables politiques de prendre des mesures proactives. Le rapport environnemental, qui vise à améliorer la présentation volontaire et ouverte des informations environnementales et à mettre en lumière les intentions et les activités écologiques d'une organisation dans sa sphère d'influence, est considéré comme un acte délibéré d'interaction ou de responsabilité sociale.

En outre, les principaux objectifs associés aux rapports environnementaux sont de souligner les responsabilités des organisations dans la résolution des problèmes environnementaux et d'agir comme une plate-forme cruciale pour la sensibilisation à l'écologie. Il est donc essentiel de faire correspondre l'objectif principal du rapport avec les objectifs internationaux afin de soutenir l'amélioration continue des exigences en matière de rapports écologiques.

Le rapport sur l'environnement doit également comporter une promesse ou un engagement qui témoigne d'une volonté intense de travailler à la réalisation des objectifs et des stratégies environnementaux. Les évaluations environnementales sont normalement publiées une fois par an, le même jour que l'exercice fiscal.

Les entreprises et les communautés s'interrogent sur les limites de l'obligation de rendre compte. Deux questions se posent principalement : qu'est-ce qui doit être pris en compte et qui est responsable de l'entreprise ? Des approches telles que la continuité des parties prenantes et les sept points de vue différents sur l'éthique des affaires présentés par Gray, Owen et Adams représentent le sujet. La sagesse conventionnelle veut que les organisations offrent des informations sur des éléments qui sont à la fois mesurables et imposés par des réglementations, des exigences d'identification ou des règles comptables. Cependant, plusieurs pressions supplémentaires se sont exercées sur les entreprises au cours des dernières années. L'un de ces concepts est l'idée que les entreprises devraient être considérées comme des "citoyens" de la communauté parce qu'elles en tirent profit et ont des obligations envers elle, tout comme les citoyens ordinaires.

4.2 Concepts associés à la comptabilité environnementale

Les méthodes comptables conventionnelles classent les actifs en actifs fixes, courants, amortissables, normaux, voire fortunés. Cependant, le domaine des sciences de l'environnement introduit une nouvelle dimension avec l'émergence des actifs naturels et environnementaux. Un bilan conventionnel met généralement en évidence des actifs essentiellement produits par l'homme, avec parfois des actifs incorporels tels que la survaleur et les brevets. Néanmoins, de nombreuses organisations possèdent des actifs environnementaux de grande valeur, tels que du pétrole, des arbres et autres, bien qu'elles aient le contrôle total de ces ressources.

Prenons l'exemple d'un hôtel stratégiquement positionné avec une vue sur une baie ou une rivière, bénéficiant d'un avantage concurrentiel et par conséquent de revenus plus élevés par rapport à ses homologues situés dans des centres-villes animés. Reconnaissant l'importance des actifs environnementaux, le chercheur plaide en faveur d'un poste dédié dans les états financiers, en particulier pour les organisations qui dépendent des ressources environnementales et naturelles pour générer des revenus.

De plus, une tendance contemporaine dans de nombreux pays implique que les organisations détiennent des obligations de pollution (considérées comme des actifs environnementaux) dont elles n'ont plus besoin en raison du respect des réglementations environnementales. Par la suite, ces organisations vendent ces obligations à d'autres personnes dans le besoin. Sur la base de ce raisonnement, le chercheur propose d'établir une distinction claire entre les actifs naturels et les actifs environnementaux de la manière suivante :

4.2.1 Actifs naturels

Les actifs naturels constituent une catégorie d'actifs environnementaux qui englobe le capital naturel des organisations, des régions, des secteurs et des nations entières. Ces actifs englobent des ressources renouvelables telles que le sol ou des ressources non renouvelables telles que le pétrole. La définition des actifs naturels peut être formulée comme suit : "les ressources naturelles qui sont découvertes et cultivées au fil du temps par une entité, qui conserve le contrôle de ces ressources une fois qu'elles sont extraites. Par conséquent, ces actifs doivent être reflétés dans les états financiers de ces entités". Il est important de noter que certaines ressources naturelles ne contribuent pas seulement à la fourniture de biens, mais offrent également des services, tels que des possibilités de loisirs.

Les actifs naturels englobent les éléments de l'environnement naturel qui ont une valeur pour l'homme, qui ont une fonction directe, indirecte ou potentielle et qui contribuent ainsi à la valeur sociétale. Cette catégorie comprend à la fois les actifs naturels fabriqués, tels que les animaux et les plantes issus de l'agriculture, de la sylviculture et de la pêche, et les actifs naturels non fabriqués par l'homme, tels que la flore et la faune sauvages, la surface du sol, l'air, l'eau, les ressources minérales, etc. Ces actifs sont considérés comme faisant partie de ce champ d'application s'ils sont soumis à la pression des activités humaines ou s'ils sont utilisés à des fins économiques.

Il est primordial de reconnaître l'importance des actifs naturels, étant donné qu'ils représentent des biens futurs. Par conséquent, à l'instar des actifs fabriques par l'homme, les actifs naturels devraient subir une dépréciation, ce qui signifie que des mesures de protection, des efforts de restauration et un entretien continu sont nécessaires pour garantir une productivité durable.

4.2.2 Actifs environnementaux

Les actifs environnementaux désignent les avoirs environnementaux en possession d'une organisation, résultant de mesures de protection de l'environnement, du respect de la réglementation et/ou d'activités volontaires respectueuses de l'environnement. Ces actifs sont classés comme des actifs artificiels, englobant des éléments tels que les équipements de protection de l'environnement et les obligations de pollution, et peuvent être soit des actifs fixes, soit des actifs circulants. Il est essentiel de souligner qu'un actif considéré comme fixe dans une organisation peut être classé comme courant dans une autre.

S'appuyant sur la discussion précédente, le chercheur propose la règle suivante : "Tous les actifs naturels sont considérés comme des actifs environnementaux, mais l'inverse n'est pas nécessairement vrai." Bien que la littérature existante en comptabilité et en économie les désigne souvent comme des actifs environnementaux, il est crucial de faire cette distinction.

L'importance de la distinction entre les actifs environnementaux et les actifs naturels : La création d'une catégorie distincte pour les actifs naturels est importante car ces actifs représentent une richesse tangible pour certaines organisations, régions, secteurs et pays. En outre, ils symbolisent la richesse dont hériteront les générations futures. Présenter les actifs environnementaux comme une entité distincte permet aux parties prenantes de mieux comprendre la valeur de ces actifs et le capital environnemental investi dans leur protection à différents niveaux, tels que l'entreprise, le secteur, la région, le pays, etc. Cette différenciation aide à comprendre les fluctuations des volumes et des valeurs des actifs environnementaux au cours des différentes périodes comptables.

Par conséquent, dans le domaine de la comptabilité, il devient impératif de faire la distinction entre les actifs environnementaux et naturels. Il s'agit de répondre à des questions telles que : quelle est la valeur estimée des actifs environnementaux ? Quelle est la valeur estimée des actifs environnementaux, quel est leur rendement, leur valeur est-elle en hausse ou en baisse, etc.

4.2.3 Responsabilité comptable

Les institutions comptables définissent le passif comme un "sacrifice futur probable d'avantages économiques résultant d'obligations actuelles de transférer des actifs ou de fournir des services dans le futur à la suite de transactions ou d'événements passés". En d'autres termes, un passif est une obligation actuelle d'engager une dépense ou de fournir un produit ou un service dans le futur.

Au-delà de ses implications financières, le passif revêt des dimensions juridiques importantes. Il représente une obligation juridiquement exécutoire, qu'elle soit contractée volontairement dans le cadre d'un accord contractuel ou imposée unilatéralement, comme les obligations fiscales.

L'Agence américaine de protection de l'environnement (EPA) identifie différents types de passifs environnementaux. La catégorisation des passifs environnementaux peut s'avérer quelque peu difficile, mais des types distincts peuvent être discernés :

1. Obligations de conformité :

Les organisations peuvent être confrontées à des coûts de mise en conformité futurs en raison de nouvelles réglementations sur la fabrication, l'utilisation ou le rejet de substances réglementées. La non-conformité aux réglementations existantes peut être identifiée, entraînant des coûts allant de dépenses modestes pour des exigences administratives (par exemple, tenue de registres, rapports, étiquetage, formation) à des dépenses plus importantes, y compris des dépenses d'investissement pour des activités telles que le prétraitement des déchets ou les mesures de confinement. Les réglementations imposent également des "coûts de sortie", tels que la fermeture correcte des sites d'élimination des déchets et la prise en charge des soins post-fermeture (EPA, 1995).

2. Obligation d'assainissement :

Les obligations de remise en état sont parfois regroupées sous le terme de "conformité", car certaines exigences en matière de nettoyage des biens sont intégrées dans les programmes réglementaires applicables aux installations opérationnelles. Il est relativement simple de faire la distinction entre les obligations de fermeture de routine à la fin de la durée de vie utile d'une installation et les obligations d'assainissement, qui concernent la pollution présentant des risques pour la santé humaine et l'environnement. Le respect des obligations de conformité en cours peut potentiellement atténuer les obligations futures de remise en état, compte tenu de la nature coûteuse de la remise en état, qui implique des activités telles que l'excavation, le forage, la construction, le pompage, le traitement du sol et de l'eau, la surveillance et les coûts d'intervention encourus par les autorités de réglementation.

Les dépenses d'assainissement peuvent également couvrir la fourniture d'autres sources d'approvisionnement en eau potable, l'achat de biens immobiliers et les frais de réinstallation dans des circonstances spécifiques. Les études techniques, associées aux ressources de gestion, professionnelles et juridiques, contribuent au coût global de l'assainissement.

Les obligations de remise en état se distinguent par le fait que les organisations peuvent être confrontées à de telles obligations en raison de la contamination de sites inactifs et non réglementés, de propriétés anciennement possédées ou utilisées, de propriétés qui n'ont jamais été possédées ou utilisées mais où des déchets ont été envoyés, ou de propriétés acquises mais qui n'ont pas été contaminées. Les dépenses substantielles à court terme nécessaires pour remédier à la contamination environnementale existante, en particulier sur les sites inactifs et abandonnés, dominent souvent l'évaluation des passifs environnementaux d'une entreprise, ce qui peut entraîner des distorsions. Il est essentiel de faire la distinction entre les obligations d'assainissement pour les contaminations existantes et les obligations potentielles pour les contaminations futures. Les dirigeants peuvent exercer une plus grande influence sur les activités et les rejets en cours et futurs, accidentels ou non, qui peuvent déclencher de futures obligations d'assainissement.

3. Amendes et sanctions :

Les organisations qui ne respectent pas les exigences applicables peuvent être soumises à des amendes civiles ou pénales, à des pénalités pour non-respect des règles et à des dépenses pour des projets convenus dans le cadre d'une transaction. Ces paiements ont une fonction punitive et dissuasive et sont distincts des coûts de mise en conformité. Les amendes et les pénalités peuvent varier de montants modestes à plusieurs millions de dollars par infraction. En règle générale, une amende civile est imposée à hauteur des coûts économisés grâce à la non-conformité, ce qui élimine toute incitation financière à ignorer les lois.

4. Obligations d'indemnisation :

En vertu de la common law et de certaines lois, les entreprises peuvent être tenues de réparer les dommages subis par les personnes, les biens et les entreprises en raison de l'utilisation ou du rejet de substances toxiques ou polluantes. Ces responsabilités peuvent survenir même si une entreprise respecte toutes les normes environnementales. Les sous-catégories de la responsabilité d'indemnisation comprennent les dommages corporels, les dommages matériels et les pertes économiques. Les coûts d'indemnisation peuvent aller de minimes à substantiels, en fonction du nombre et de la nature des demandes d'indemnisation. Les frais de défense juridique peuvent être importants, même lorsque les demandes sont jugées sans fondement. La responsabilité en matière d'indemnisation peut impliquer des coûts de remise en état, ce qui recoupe quelque peu la catégorie de la remise en état.

Les paiements liés à l'indemnisation des travailleurs et aux lois sur la responsabilité de l'employeur en cas d'exposition professionnelle et de blessures dues à des substances dangereuses ne sont généralement pas considérés comme des passifs environnementaux. Toutefois, les plaintes professionnelles déposées contre des parties autres que l'employeur peuvent être considérées comme des responsabilités environnementales pour ces parties. Les gestionnaires doivent comprendre les coûts potentiels de l'exposition professionnelle et des blessures, car les actions visant à atténuer les responsabilités environnementales peuvent également avoir un impact sur les responsabilités professionnelles.

5. Dommages-intérêts punitifs :

Outre les paiements compensatoires pour les dommages causés par les actions d'autrui, le système juridique autorise l'imposition de "dommages-intérêts punitifs" pour punir et dissuader les comportements considérés comme témoignant d'un mépris insensible pour autrui. Contrairement à la responsabilité compensatoire, les dommages-intérêts punitifs ne sont pas directement liés aux blessures subies. Les dommages-intérêts punitifs dépassent souvent de plusieurs fois le coût de l'indemnisation. S'ils sont plus fréquents dans les affaires de responsabilité du fait des produits, ils le sont moins dans les affaires de responsabilité environnementale.

6. Dommages aux ressources naturelles :

Un ajout relativement récent à la responsabilité environnementale est la catégorie des "dommages aux ressources naturelles". Établie aux États-Unis en vertu de réglementations telles que le Clean Water Act, le Comprehensive Environmental Response, Compensation and Liability Act (CERCLA ou "Superfund") et le Oil Pollution Act (OPA), cette responsabilité concerne les dommages, la destruction, la perte ou la perte d'usage de ressources naturelles qui ne constituent pas une propriété privée. Ces ressources doivent appartenir ou être sous le contrôle des autorités fédérales, étatiques, locales, étrangères ou tribales, et englober la flore, la faune, la terre, l'air et les ressources en eau. La responsabilité peut être engagée en cas de libération accidentelle (par exemple, pendant le transport) ou d'atteinte légale à l'air, à l'eau et au sol.

Bien que la plupart des paiements pour dommages causés aux ressources naturelles aient été relativement faibles jusqu'à présent, un large éventail de dépenses environnementales comprend les coûts de réduction, les coûts d'élimination, les coûts de traitement des déchets, etc. ainsi que les dépenses d'investissement environnementales résultant de l'acquisition de nouveaux actifs et/ou de l'adoption d'une technologie plus propre.

La compréhension des coûts environnementaux associés à un produit, à un processus, à un système ou à une organisation est cruciale pour une prise de décision éclairée. Des objectifs tels que l'optimisation des coûts environnementaux, l'amélioration des performances environnementales, l'identification des coûts réels (complets) et la reconnaissance des coûts sociaux nécessitent une compréhension approfondie des différents coûts actuels et potentiels.

4.3 Nécessité d'une comptabilité et d'une information environnementales

Dans le domaine de l'information financière environnementale, il devient impératif d'intégrer de manière transparente les coûts liés à l'environnement. Les entreprises doivent démontrer leur engagement en faveur de la gestion de l'environnement, en veillant à ce que les parties prenantes aient un aperçu des facteurs pertinents tels que les risques environnementaux, les dépenses et les responsabilités associées. Cette transparence permet aux parties prenantes de comprendre l'étendue réelle de l'impact environnemental de l'entreprise, ce qui se répercute sur sa situation financière.

Malgré l'importance de l'information environnementale dans les procédures d'information et de prise de décision des entreprises, une étude approfondie d'Epstein (1994) a révélé que la plupart des entreprises ne sont pas conscientes des dépenses environnementales potentielles qu'elles peuvent encourir. Les gens ne sont donc pas conscients de la source de ces dépenses. Il est largement reconnu qu'il y a de nombreuses années, les entreprises ont négligé de prendre en compte les effets environnementaux potentiels de leurs biens et services, ainsi que les responsabilités associées, lors du calcul des coûts de leurs produits. L'évaluation des actifs organiques est un domaine restreint de la comptabilité conventionnelle. La comptabilité estime les bénéfices et les investissements avec un an de retard.

La comptabilité environnementale permet de déterminer si une entreprise s'acquitte efficacement ou non de sa responsabilité à l'égard de l'environnement. L'utilisation de la comptabilité environnementale simplifie les choses. Les responsabilités éthiques de l'organisation comprennent le respect des réglementations, l'élimination de la contamination existante, l'élimination en toute sécurité des substances dangereuses et la communication aux actionnaires actuels et potentiels du type et de l'étendue des efforts proactifs de l'entreprise. Pour atteindre ces objectifs, la comptabilité écologique contribue au développement et à la mise en œuvre de systèmes de gestion écologique, au calcul des dépenses de projets et des fonds liés à l'environnement, à la création de stratégies et à l'intégration de variables écologiques dans la sélection des budgets d'investissement. Maximiser la valeur des parties prenantes est, après tout, l'objectif principal de la comptabilité écologique.

4.4 Lignes directrices pour l'établissement des rapports

Les lignes directrices pour la conformité avec les exigences du système national de rapport vert du Sri Lanka ont été décrites. Il est reconnu que toutes les activités économiques exercent une influence sur l'environnement, ce qui incite les organisations à adopter une approche intégrée. Cette approche devrait comprendre un examen approfondi des conséquences économiques, sociales, sanitaires et environnementales directes et indirectes découlant de leurs décisions et de leurs activités. Lignes directrices pour l'établissement de rapports :

Prévention de la pollution :

- L'organisation peut améliorer ses performances environnementales en prévenant la pollution de manière proactive. Cela implique d'identifier les aspects et les impacts de ses décisions et de ses opérations sur le milieu environnant.

Promotion de l'utilisation durable des ressources :

- Il est essentiel de garantir la disponibilité future des ressources. L'accent doit être mis sur l'utilisation prioritaire des sources d'énergie renouvelables et sur la réduction de la dépendance à l'égard des sources non renouvelables.

Atténuation et adaptation au changement climatique :

- Les organisations doivent s'efforcer de minimiser leurs émissions de gaz à effet de serre (GES) (atténuation) tout en planifiant les défis posés par un climat changeant (adaptation). L'adaptation au changement climatique a des ramifications sociales, affectant la santé, la prospérité et les droits de l'homme.

Préservation de l'environnement, de la biodiversité et restauration des ressources naturelles :

- Les organisations peuvent faire preuve d'une responsabilité sociale accrue en protégeant activement l'environnement et en participant à des initiatives visant à restaurer les habitats naturels.

L'un des principaux obstacles rencontrés par les pays en développement est leur capacité limitée à surveiller les niveaux régionaux de polluants importants, en particulier les émissions des entreprises individuelles. Le principal défi réside dans la capacité inadéquate à surveiller avec précision les concentrations environnantes dans l'environnement. La surveillance de ces concentrations est la première étape de la mise en œuvre des réglementations environnementales, car les politiques nationales fixent souvent des objectifs de qualité environnementale basés sur les concentrations atmosphériques des principaux polluants. Si les données satellitaires peuvent aider à surveiller les niveaux de particules, pour de nombreux autres polluants, une surveillance efficace nécessite l'installation d'équipements locaux et l'expertise de professionnels pour faire fonctionner, collecter et distribuer les données.

4.5 Principes fondamentaux de l'information environnementale

La présentation des informations environnementales suit des règles de base qui s'appliquent à toutes les normes de présentation des rapports, telles que

- ✓ Importance relative : Vérifier que les données et les documents d'appui décrivent de manière appropriée la performance écologique de l'entité, telle qu'elle ressort des paramètres du système de management environnemental.

- ✓ Quantifiables : Pour faciliter l'évaluation de l'efficacité des politiques environnementales, les indicateurs de performance environnementale doivent être mesurables. Les données quantitatives doivent être accompagnées d'un texte explicatif expliquant l'objectif de la collecte des données et ses résultats.

- ✓ Précision : elle garantit que les informations fournies sont fiables et aide les parties prenantes à porter un jugement sur les performances environnementales actuelles de l'entité ainsi que sur les prochaines étapes possibles.

- ✓ Complet : défini par les limites et l'étendue du système de management environnemental. Des rapports sur l'état d'avancement de chaque objectif spécifié dans la politique environnementale sont requis. Toute omission doit être mentionnée.

- ✓ Uniformité : L'uniformisation de la méthodologie est essentielle pour permettre des comparaisons intertemporelles pertinentes des données sur les performances environnementales. La documentation et la justification des modifications apportées aux opérations, procédures, résultats et techniques d'enregistrement de l'entité doivent être incluses dans le rapport environnemental.

✓ Comparables : Pour améliorer la performance environnementale, les entités doivent fournir des données à l'aide d'indicateurs de performance environnementale reconnus. En mettant l'accent sur les réalisations et les domaines potentiels de développement, le rapport offre la possibilité de discuter des préoccupations liées à la gestion de la performance environnementale.

✓ Transparence : Toutes les informations pertinentes sur les performances et les sujets connexes, ainsi que les détails de la méthodologie utilisée, doivent être fournis de manière impartiale et cohérente. Les systèmes, les protocoles et les processus internes sont essentiels. Les justifications des techniques de collecte de données quantitatives sont également utiles. La transparence renforce la capacité d'une organisation à assumer sa responsabilité sociale et à communiquer efficacement avec le public en améliorant la crédibilité de ses rapports environnementaux.

Conformément aux lignes directrices susmentionnées, les entreprises peuvent s'assurer que leurs rapports environnementaux satisfont à leurs obligations en matière de responsabilité sociale en servant d'outils de communication utiles entre l'institution et ses parties prenantes.

4.6 IFRS et comptabilité environnementale

Les normes comptables internationales (IAS) et les normes internationales d'information financière (IFRS) fournissent une ligne directrice appropriée pour la production d'états financiers. Les normes comptables internationales (IAS) et les normes internationales d'information financière (IFRS) génèrent des informations financières pour les principaux utilisateurs dans le cadre du processus d'enregistrement et d'établissement de rapports et d'un ensemble de normes visant à créer une compréhension commune entre eux. En ce qui concerne la comptabilité environnementale, le tableau 4.6 présente les normes d'information ci-dessous.

Tableau 4.6. IFRS relatives à la comptabilité environnementale

IFRS/IAS	Titre et/ou description	Paragraphe(s) pertinent(s). Paragraphe chiffres entre	Remarques

		parenthèses	
Le cadre	Cadre de travail préparation & présentation de l'information financière déclarations	Responsabilité (14), pertinence (26), l'importance relative (29 et 30), la substance (35), neutralité (36), prudence (37), l'exhaustivité (38), le passif & obligation (60), maintenance du capital (81), probabilité (85), mesure la fiabilité (86), la reconnaissance des le passif (91)	Déclaration selon laquelle Le développement durable fait partie de la les limites du concept le cadre de l'IASB et FASB
IAS 41	Industries spécialisées		La sensibilité du secteur à la l'environnement. Voir ISO et la classification de Wiseman les notes de divulgation.
IFRS 6	Exploration et évaluation des ressources minérales	Paragraphe (11) : exigence de provision et éventualités	Se référer aux statistiques concernant la production de polluants ; déchets toxiques systèmes d'élimination, sol

			pollution de l'eau et des sols
			dégradation ; épuisement,
			les accidents du travail.
			les études d'impact sur l'environnement.
IFRIC 3 (retiré)	Droits d'émission et allocations	Plusieurs paragraphes traitent de si le gouvernement a alloué et le traitement comptable des droits de propriété intellectuelle. au début de l'émission, et le l'annulation des dispositions. Kyoto	Accord de Kyoto, Sommet de Copenhague. Accord ou traité ? l'efficacité des systèmes nationaux et les systèmes d'allocation globale, spéculation et transférabilité des droits d'émission ; si Le changement climatique a des limites, les marchés l'échange de droits d'émission et d'autres mesures similaires et leurs dérivés. droits souverains ; partage mondial (REA).
IAS 20	Subventions publiques	Acquisitions initiales d'émissions Les droits et indemnités sont	Les subventions du gouvernement pourraient être. influencée par la

37

		comptabilisés en tant que les actifs dont l'évaluation est sujette à caution. aux tests de dépréciation.	politique de la le jour même. Le gouvernement peut sur/sous- approvisionnement en certificats de droits ; endémique. corruptions dans le public Le secteur de l'énergie pourrait faire échouer le projet de l'Union européenne. système.
IFRIC 5 Jan 2006	Déclassement, restauration & l'environnement fonds de réhabilitation	Objet du fonds (1), volontaire & contribution obligatoire au fonds. (2), sites géographiquement dispersés (2), des administrateurs indépendants, comptabilisation des intérêts dans le fonds (7), obligations de faire des ajouts. les contributions (10), les contributions conditionnelles (10), les contributions conditionnelles (10), les contributions	Divulgation de la taille de la Le fonds d'affectation spéciale de l'Union européenne a été mis en place dans le cadre d'un accord de partenariat avec la Commission européenne. fiduciaires ; plans pour des fiduciaires supplémentaires. contributions ; responsabilité pour les dégradations passées. l'adéquation du fonds.

		conditionnelles (10) responsabilité (10), droits de remboursement	
IFRS 8	Segments opérationnels	Principe fondamental (1), nature d'une secteur opérationnel (5), agrégation critères (12), seuils quantitatifs (13), divulgation (20), bénéfice/perte/ l'actif et le passif (23), mesure (25), géographique informations (33)	Pour une entreprise mondiale si ses succursales et filiales opèrent dans des zones sensibles sur le plan de l'environnement secteurs ; et si le segment répond aux critères quantitatifs ou s'il s'agit d'une nécessaires à la préparation des états financiers consolidés. et si elle est en mesure de le faire. se rencontrent au niveau international. normes.
IAS 27, IFRS 3, IAS 28 et IAS 31, SIC 12	Consolidation, investissements dans les fusions et acquisitions, intérêts dans les coentreprises et associés ; consolidation de l'objectif	Plusieurs paragraphes concernent la propriété, le risque, la récompense et influence significative.	Groupe et consolidé. sont préparés pour les entités juridiques cotées en bourse. Les sociétés cotées et non cotées peuvent être poursuivie pour violation. normes environnementales en

	spécial entités		pays dans lesquels les segments opèrent/ont opéré le passé. Cela pourrait à son tour déclencher une vague de dégroupage.
IAS 37	Provisions, éventualités passifs et éventualités actifs	Plusieurs paragraphes sont nécessaires. Imputation des gains courants pour en faisant abstraction des dispositions normales et les passifs éventuels.	Absence et insuffisance de Les provisions suggèrent des gains. l'inflation qui, à son tour, affecte. les valeurs intrinsèques (fondamentales) d'actions.
IAS 8	Principes comptables, changements dans la comptabilité estimations et erreurs	Principes comptables (10), application rétrospective (22), les obligations de garantie (32 &33), erreurs (41), erreurs de la période précédente (49),, l'impossibilité d'une rétrospective ajustements (51, 52&53)	La mesure dans laquelle les Les résultats de l'entreprise doivent être redressés, et comment cela va se passer. dans le passé, le présent et le futur. états financiers futurs (rétrospective et prospective) des ajustements).
IAS 1	Présentation de l'information financière déclarations	Omissions matérielles (7) ; objectif de la états financiers (9), juste	Ensemble minimal d'informations qui doivent être inclus dans le

		présentation (15), rectification de politiques comptables (18), en allant. préoccupation (25), dispositions (54), incertitude de l'estimation (125)	financière globale déclarations sur l'environnement les entreprises sensibles.
IFRS 1	Première adoption des IFRS	Principes comptables 97), juste valeur (16), financier composé instruments (23), parents, filiales, coentreprises & associés (24), les variations des le démantèlement, la restauration et passifs similaires (25E), non IFRS informations comparatives (36), réconciliations (39)	La juste valeur de l'environnement les actifs, les passifs et les dispositions.
IFRS 7, IAS 37 ET IAS 39, IFRS 9, IAS 38	Instruments financiers divulgation, présentation et la reconnaissance et mesure, immobilisations		Divulgation du passé et du présent risque(s) lié(s) à l'environnement ; qualitative et quantitative description de l'action effective et couverture non

incorporelles & dépréciation		efficace stratégie ; juste valeur du carbone dérivés et autres actifs liés à l'environnement et passif.

Chapitre 05 : Outils et méthodes d'évaluation des incidences sur l'environnement

5.1 Évaluation de l'impact sur l'environnement

En examinant les conséquences environnementales possibles d'une activité planifiée avant toute action, une évaluation des incidences sur l'environnement (EIE) vise à garantir que les facteurs environnementaux sont correctement évalués dans le processus de prise de décision. La préservation de la biodiversité étant essentielle à la stabilité du développement et constituant la pierre angulaire des progrès futurs, cette idée a des ramifications importantes pour presque tous les projets de développement. Une EIE, ou évaluation des incidences sur l'environnement, vise à fournir des estimations et des alternatives aux décideurs, à élaborer des stratégies pour prévenir les conséquences négatives et à prévoir les implications environnementales à un stade précoce de la planification et de la conception du projet. L'utilisation d'une EIE peut avoir des effets bénéfiques sur la nature et l'économie.

Un sous-domaine de l'analyse des systèmes, appelé analyse des systèmes environnementaux, est consacré à l'étude, à l'interprétation, à la modélisation et à la communication de questions environnementales complexes à travers une variété de perspectives. Elle comprend un large éventail de techniques et d'instruments conçus pour évaluer l'effet sur l'environnement des systèmes créés par l'homme en utilisant une approche intégrée.

Par exemple, le processus d'EIE peut réduire les coûts et le calendrier de mise en œuvre du projet, diminuer la nécessité de travaux d'assainissement et garantir le respect des lois et règlements obligatoires en matière d'environnement. La réglementation exige généralement une EIE pour les projets à grande échelle, notamment les projets commerciaux, industriels, résidentiels ou d'infrastructure. Il s'agit d'un instrument largement accepté pour la gestion de l'environnement, y compris les aspects environnementaux des projets de développement, et qui a été rendu obligatoire par la législation de plusieurs pays. Les techniques d'EIE présentées ici sont spécialement conçues pour être utilisées dans les situations de réponse aux catastrophes pendant les phases de secours, de réhabilitation et même si le processus traditionnel d'EIE peut prendre deux ans ou plus. Ces approches ont été modifiées pour les situations de catastrophe, même si elles suivent toujours les concepts de base du cadre de l'EIE.

L'approche systémique a conduit à la création de plusieurs outils d'évaluation qui ont été acceptés par les milieux universitaires ou normalisés. Les outils les plus courants sont l'évaluation de l'impact écologique (EIE), qui permet de prévoir les conséquences d'un projet, l'analyse des flux de matières (AMF), qui permet d'examiner la manière dont les ressources se déplacent dans la société, et l'analyse du cycle de vie (ACV), qui permet d'évaluer les biens et les services. Le cadre et la transmission des conséquences des outils d'évaluation des systèmes environnementaux varient parce qu'ils s'adressent à des publics différents et servent des objectifs différents. De nombreuses tentatives ont déjà été faites pour classer ces instruments en fonction de leur objectif et de leur structure, ce qui a donné lieu à des groupes assez variés qui font progresser notre compréhension de l'étude des systèmes écologiques.

Une évaluation des incidences sur l'environnement (EIE) est réalisée en fonction du degré d'influence sur le bien-être des personnes et sur l'environnement dans divers secteurs, notamment l'industrie manufacturière, le secteur du tourisme, l'exploitation minière et le développement de l'énergie hydroélectrique. Elle est essentielle pour prévoir les effets sociaux et environnementaux d'un projet avant sa mise en œuvre. Les décideurs et les parties prenantes ont besoin de ces informations pour créer des plans qui maximisent les avantages tout en minimisant les inconvénients. En outre, elle permet de maximiser l'utilisation efficace des ressources humaines et naturelles tout en réduisant les coûts à long terme du projet. En outre, en garantissant que les idées de développement soutiennent les ressources essentielles, les fonctions écologiques, le bien-être, le mode de vie et les moyens de subsistance des groupes et des individus qui en dépendent, les EIE contribuent également à promouvoir le développement durable.

5.2 L'évaluation des incidences sur l'environnement dans le contexte sri-lankais

Au Sri Lanka, l'importance des évaluations des incidences sur l'environnement (EIE) est largement reconnue comme un outil utile pour intégrer les préoccupations environnementales dans la planification du développement Les évaluations des incidences sur l'environnement (EIE) aident à déterminer les éventuelles conséquences importantes des projets de développement sur l'environnement et à formuler des plans visant à réduire les résultats indésirables tout en coordonnant le projet avec la zone environnante. Elles facilitent la prise de décision concernant la mise en œuvre des projets pour les autorités, ce qui aide les promoteurs de projets (PP) à atteindre les objectifs de développement avec plus de succès. L'EIE est donc reconnue comme un instrument de planification essentiel et un processus vital pour atteindre les objectifs de développement durable.

✓ La loi nationale sur l'environnement (n° 47 de 1980, révisée par les lois n° 56 de 1988 et n° 53 de 2000) du Sri Lanka exige des évaluations de l'impact sur l'environnement (EIE). Cette loi constitue le fondement juridique de la gestion et de la protection de l'environnement dans le pays.

✓ Pour encourager le développement durable, la loi n° 56 de 1988 a institué l'évaluation de l'impact sur l'environnement (EIE), dont l'exécution est supervisée par l'Autorité centrale pour l'environnement.

✓ La loi prévoit que tous les projets de développement spécifiés, en particulier ceux situés dans des régions écologiquement sensibles ou ayant des implications environnementales majeures, fassent l'objet d'une évaluation des incidences sur l'environnement (EIE) avant d'être mis en œuvre. Le processus d'évaluation des incidences sur l'environnement (EIE) comporte deux étapes : l'examen environnemental initial (EEI) pour les incidences moins importantes et l'évaluation des incidences sur l'environnement (EIE) pour les conséquences plus importantes. Le processus d'EIE est supervisé par des agences d'approbation de projets (AAP) autorisées. Pendant 30 jours ouvrables, le public peut consulter et commenter les rapports d'EIE.

✓ Les exigences en matière d'EIE sont également incluses dans la loi n° 57 de 1981 sur la conservation de la côte, telle que révisée par la loi n° 49 de 2011. Elle s'applique aux projets dans la zone côtière, et le directeur général du département de la conservation de la côte et de la gestion des ressources côtières est habilité à décider si une EIE est nécessaire.

✓ Les exigences en matière d'EIE sont incorporées dans la loi sur la protection de la faune et de la flore (FFPA) n° 49 de 1993, telle que révisée par la loi n° 22 de 2009. Le directeur général du Department of Wildlife Conservation (DWC) doit approuver toute activité de développement planifiée impliquant une construction à moins d'un mile d'une réserve nationale établie en vertu de la Fish and Game Act (FFPA).

5.3 Étapes du processus d'évaluation des incidences sur l'environnement

Les étapes du processus d'évaluation des incidences sur l'environnement sont les suivantes.

Soumission des détails initiaux : La personne ou l'organisation qui met en place le projet, appelée promoteur du projet (PP), doit fournir à l'Agence d'approbation des projets (AAP) des informations détaillées sur la nature, l'emplacement et les effets potentiels du projet. Ces informations sont nécessaires pour déterminer si une évaluation des incidences sur l'environnement (EIE) ou un examen environnemental initial (EEI) est nécessaire. Dès que l'idée du projet est établie et que l'emplacement du projet est choisi, le PP doit envoyer ces informations préliminaires. L'Autorité centrale pour l'environnement (CEA) a créé un questionnaire d'information de base (BIQ) pour faciliter cette procédure ; il doit être rempli et soumis avec une brève proposition de projet que le PP a préparée.

Évaluation des détails initiaux : L'évaluation des détails initiaux permet de déterminer si le projet proposé doit être approuvé au titre de la partie IV C de la loi nationale sur l'environnement ou d'autres lois pertinentes, ou s'il relève de la compétence de l'EIE. Lorsque l'AAP estime que les informations préliminaires soumises sont suffisantes, elle entame le processus de délimitation du champ de l'évaluation environnementale et l'EIE.

Le cadrage environnemental : Processus précoce et inclusif, le scoping environnemental vise à définir les questions à traiter et à identifier les principales préoccupations liées au projet proposé. Le PP, les agences concernées et éventuellement d'autres parties intéressées sont invités par l'AAP à participer au processus de cadrage. Une fois la phase de cadrage terminée, l'AAP fournit les termes de référence pour l'EIE/IEE.

La préparation du rapport d'EIE/IEE relève de la responsabilité du PP, qui doit ensuite le soumettre à l'AAP pour examen. La rédaction des rapports d'EIE peut nécessiter une équipe d'experts car de nombreux domaines spécifiques doivent être couverts. Le site web du CEA contient une liste de cabinets de conseil agréés qui ont de l'expérience dans la rédaction de rapports d'EIE. Pour garantir que le rapport d'EIE satisfait aux exigences, le PP doit engager des spécialistes respectables et expérimentés dans le secteur concerné.

Participation du public et évaluation du rapport : Après réception du rapport d'EIE, un contrôle d'adéquation est effectué pour s'assurer qu'il est conforme au cahier des charges établi par l'AAP. Le rapport est ensuite mis à la disposition du public pour examen et discussion pendant une période obligatoire de 30 jours. L'AAP invite le public à soumettre des commentaires par le biais de notifications qu'il affiche sur son site web et dans des publications. Le PP reçoit les commentaires du public sur le rapport d'EIE et y répond. En outre, une audition publique peut être organisée pour permettre au public d'exprimer ses idées. Le comité d'évaluation technique (CET), qui est constitué, évalue le rapport d'EIE et fait des suggestions. En revanche, les rapports d'EEI ne sont soumis qu'à un examen technique et ne peuvent pas faire l'objet d'un débat public.

Décision : L'AAP décide d'approuver ou non le projet, sous réserve de certaines exigences, sur la base des recommandations du CET. Avant de planifier, l'AAP, s'il ne s'agit pas de l'ACE, doit obtenir l'approbation de l'ACE. Le PP a la possibilité de faire appel auprès du secrétaire du ministère de l'environnement s'il n'est pas d'accord avec la décision de l'AAP de refuser l'autorisation. La décision du secrétaire est la conclusion.

Contrôle de la conformité : L'approbation environnementale du projet est subordonnée au respect de plusieurs exigences. Il incombe à l'autorité environnementale centrale de veiller au respect de ces lignes directrices et des mesures d'atténuation. L'autorisation peut être retirée si le développeur du projet ne s'est pas conformé à ces exigences.

Conclusion

Lorsque nous aurons terminé l'exploration du domaine de la comptabilité environnementale, les étudiants auront une compréhension beaucoup plus approfondie de la manière dont l'économie et l'environnement interagissent. Dans le présent ouvrage, les chercheurs ont examiné les différentes approches, principes et utilisations de la comptabilité environnementale, en mettant en lumière sa fonction dans le développement durable et en fournissant des orientations pour la prise de décision.

Nous avons exploré les nuances concernant l'évaluation et la reconnaissance de l'impact sur l'environnement, ainsi que l'importance de l'intégration des facteurs écologiques dans les systèmes de rapports monétaires. Nos sujets allaient des idées fondamentales de la comptabilité environnementale à l'application concrète des cadres d'information sur le développement durable.

Notre enquête n'est cependant pas terminée. La nécessité de mettre en place des procédures comptables environnementales solides est plus forte que jamais, car nous sommes confrontés à des problèmes écologiques jusqu'ici inconnus, notamment la diminution des ressources, la perte de biodiversité et les changements climatiques. Afin de protéger notre monde pour les générations futures, les entreprises, les législateurs et la communauté dans son ensemble doivent adopter des normes de comptabilité écologique. Notre enquête n'est cependant pas terminée. La nécessité de disposer de procédures comptables environnementales solides ne sera jamais aussi grande que lorsque nous serons confrontés à des problèmes environnementaux inédits, tels que l'épuisement des ressources, la perte de biodiversité et les effets du changement climatique.

Au fur et à mesure que nous avançons, n'oublions pas que la comptabilité environnementale ne se résume pas à de simples statistiques ; il s'agit également d'assumer nos responsabilités, de rendre des comptes et de prendre soin de nos ressources naturelles. Nos processus de prise de décision économique peuvent devenir plus robustes et plus écologiques.

Enfin, acceptez notre engagement à poursuivre la recherche, le développement et la collaboration dans le domaine de la comptabilité environnementale. En travaillant ensemble, nous pouvons utiliser la capacité de la comptabilité à améliorer l'environnement pour établir un avenir plus prometteur et plus prospère pour tout le monde.

Nous vous remercions de votre participation.......

Références

Murali Krishna, Valli, & Manickam. (2017). *Gestion de l'environnement : Science And Engineering For Industry [qn85mo636kn1]*. Elsevier Science. Consulté le 23 janvier 2017 sur Idoc.pub : https://idoc.pub/documents/environmental-management-science-and-engineering-for-industry-qn85mo636kn1

Programme des Nations unies pour l'environnement et KPMG. (2006). Carottes et bâtons pour les débutants". Tendances et approches actuelles des normes volontaires et obligatoires en matière de rapports sur le développement durable. *Parktown*.

Andersson, K., Brynolf, S., Landquist, H. et Svensson, E. (2016). Méthodes et outils pour l'évaluation environnementale. *Shipping and the Environment : Improving Environmental Performance in Marine Transportation*, 265-293.

Anthony Abhiele, Anthony Okhualaigbe, & Blessing Isimenmen. (2018). Cadre théorique pour la comptabilité environnementale. *International Journal of Innovative Environmental Studies Research*, 27-36.

Bewley, Kathryn , & Li, Yue}. (2000). Disclosure of environmental information by Canadian manufacturing companies : a voluntary disclosure perspective. *Advances in environmental accounting \& management*.

Colombie-Britannique. (2020, 12 août). *COLOMBIE-BRITANNIQUE*. Consulté sur le site About Environmental Reporting : https://www2.gov.bc.ca/gov/content/environment/research-monitoring-reporting/reporting/environmental-reporting-bc/about-environmental-reporting

Autorité centrale pour l'environnement. (2024, février). *Central Environment Authority*. Tiré de Central Environment Authority : https://www.cea.lk/web/implementation-of-the-eia-process-and-ensuring-compliance?id=94

Clarkson, P. M., Li, Y, & Richardson, G. D., & Vasv. (2008). Revisiting the relationship between environmental performance and environmental disclosure

: An empirical analysis. Accounting,organizations and society,. 303-327. Tiré de https://doi.org/10.1016/j.aos.2007.05.003

Cooper C, Taylor P, Smith N, & Catchpowle L. (2005). A discussion of the political potential of social accounting. *Critical Perspectives on Accounting*, 951-974.

Deegan, C, et Unerman, J. (2011). Unregulated corporate reporting decisions : considerations of systems-oriented theories Financial Accounting Theory. *Londres, Royaume-Uni : McGraw-Hill.*

Donovan, G. (2001). Environmental disclosures in the annual report. *Accounting Auditing and Accountability Journal, 15*, 344--371.

DOURALA, N., PAPADOPOULOU, D., GIAMA , E., & N, M. (2003). LA COMPTABILITÉ ENVIRONNEMENTALE : UN OUTIL D'AIDE À LA DÉCISION POUR LES ENTREPRISES. *Environmental Science and Technology.*

Deborah Savage et Karen Shapiro. (s.d.). *Stratégies en matière de ressources et d'environnement.* Extrait de https://www.env.go.jp/policy/kaikei/sympo/k15.pdf

Florentina MOISESCU, & Oana MIHAI. (2006). LA COMPTABILITÉ FINANCIÈRE ENVIRONNEMENTALE. *THE ANNALS OF "DUNÃREA DE JOS" UNIVERSITY OF GALAŢ Economics and Applied Informatics.*

Islam, M., Miah, M. et Fakir, A. (2015). Environmental accounting and reporting practices in the corporate sector of Bangladesh. *Journal of International Business Studies*, 1-14.

IvyPanda. (2023, 31 octobre). *IvyPanda Free Essays.* Récupéré de Concept of Environmental Reporting Definition Essay : https://ivypanda.com/essays/environmental-reporting-essay/

JONATHAN M. HARRIS , & BRIAN ROACH. (2021). Revenu national et comptabilité environnementale. *ÉCONOMIE DE L'ENVIRONNEMENT ET DES RESSOURCES NATURELLES : UNE APPROCHE CONTEMPORAINE.*

Ltd, T. E. (2023). *Types de comptabilité environnementale - Explication, types, composantes, avantages, etc.* Extrait de https://testbook.com/ugc-net-commerce/types-of-environmental-accounting

Omran, M. A. et Ramdhony, D. (2015). Theoretical perspectives on corporate social responsibility disclosure : a critical review (Perspectives théoriques sur la divulgation de la responsabilité sociale des entreprises : un examen critique).

Randall, J., & Jowett, ,. (2010). Outils et techniques d'évaluation de l'impact sur l'environnement. *World Wildlife Fund (WWF), Inc. et American National Red Cross. http://creativecommons. org/licenses.*

Saremi, H. et Nezhad , B. (2014). Rôle de la comptabilité environnementale dans les entreprises. *Ecology, Environment and Conservation*, 1-13.

Shah, A. (2002). *Global Issues.* Extrait de Corporations and the Environment.

Yagnesh, D., & Tejas, G. (juin 2013). Environmental Reporting Practices : A Study of Select Indian Companies. *Gavesana Journal of Management, 5.*

Milton Keynes UK
Ingram Content Group UK Ltd.
UKHW011144010424
440421UK00001B/276

9 786207 304097